小学生心灵成长系列

努力才会成功

李　晖　主编

知识出版社
Knowledge Publishing House

图书在版编目（CIP）数据

努力才会成功 / 李晖主编. -- 北京：知识出版社，
2018.5

（小学生心灵成长系列）

ISBN 978-7-5015-9750-5

Ⅰ. ①努… Ⅱ. ①李… Ⅲ. ①品德教育—小学—课外
读物 Ⅳ. ①G624.153

中国版本图书馆CIP数据核字（2018）第100077号

努力才会成功 李 晖 主编

出 版 人	姜钦云	
责任编辑	周 玄　徐 铉	
策划编辑	毛泳洁　陈佳宁	
装帧设计	罗俊南　孙 阳	
出版发行	知识出版社	
地　　址	北京市西城区阜成门北大街17号	
邮　　编	100037	
电　　话	010-88390659	
印　　刷	阳谷毕升印务有限公司	
开　　本	880 mm×1230 mm　1/32	
印　　张	3.5	
字　　数	67千字	
版　　次	2018年5月第1版	
印　　次	2021年1月第3次印刷	
书　　号	ISBN 978-7-5015-9750-5	
定　　价	20.00元	

前 言

　　成长是孩子们必经的一段旅程，在这段旅程里他们要经过一帧帧不同的风景，打开一扇扇神奇的大门，探索这个世界的奥妙与神奇。在这个过程中，家长并不能时时刻刻陪伴在孩子身边，在孩子的认知与这个世界发生碰撞的时候，他们也许无法及时替孩子答疑解惑，但压在孩子心里的困惑和烦恼亟待解决。

　　因此，我们编著了"小学生心灵成长系列"丛书。

　　"小学生心灵成长系列"丛书共十册，分为十个主题。这十个主题以提高孩子的情商和德商为出发点，涉及孩子在成长过程中可能遇到的自卑、骄傲、敏感等一系列问题。我们的目的是通过书中的指引，让孩子在阅读的过程中不断主动思考，进而找到问题的答案，解决孩子的烦恼。我们希望孩子们在阅读这套书的时候，除了感受读书的乐趣，还能在以下几个方面获得成长的启迪。

　　小故事。故事是世界的镜子，反映出世界的多种面貌。故事中有幸福也有苦难，有欢笑也有眼泪，更有做人的基本准则。我们在编写故事时，特意选取了许多经典小故事，让孩子在阅读时不仅不会产生抵触，而且还能得到温暖和力量，解决自己的烦恼。

大道理。道理并不都是生硬、冰冷的，它也可以是寒冷时候的一杯热茶、炎热天气里的一缕清风。我们在爬过成长这座大山时，总结了一些经验，而这些经验恰好可以帮助孩子少走弯路，做更好的自己。所以我们在每篇结尾设置了"成长心语"的环节，结合故事来告诉孩子一些成长中的道理，启迪智慧。

新愿景。把阅读变成有效的成长方式，是我们编写这套书的最初愿望。这套书里有名人名言，有经典故事，也有深层次的道理，这些都是有出处和典故的。我们希望孩子不仅仅是阅读故事，还希望他们能了解故事发生时的历史文化和时代背景，对故事能产生更浓厚的兴趣，继而自己动手去翻阅资料查找内容，自主开拓阅读视野，开辟更多获取知识的路径。

"小学生心灵成长系列"丛书便是这样一套有意义的书。希望孩子在阅读这些充满正能量的故事后，能够真正滋润心灵，提高自身的能力，逐步成长为一个了不起的人。

编　者

2018.4

目录

Contents

欧阳修的成长故事

慈母爱子，非为报也。

——刘安

欧阳修小的时候家里很穷，他的父亲在他四岁的时候就去世了，全靠母亲郑氏平日里织布来维持母子二人的生活。

等到欧阳修到了读书的年纪，郑氏翻遍了家里值钱的东西，都没能凑够送欧阳修上私塾的费用，但是她知道，儿子要想成才，就不能没有知识，所以她决定亲自为儿子启蒙。

没有钱买纸笔，郑氏就找来了荻草秆和沙子，用荻草秆当笔，在沙子上写字教欧阳修。郑氏教欧阳修的第一个字是"人"字，她对欧阳修说："天地间，人为本。你要认真学习，不能贪玩，这样长大后才能

努力才会成功

成为一个有用的人。"欧阳修接过母亲手中的荻草秆，在沙子上也认真地写下了一个"人"字。

不管寒冬酷暑，欧阳修就这样蹲在窗台下，一笔一画地在沙子上写字，直到写出了一手漂亮的书法。郑氏在织布的时候，还时常给欧阳修讲一些先贤圣人的故事，鼓励他要向那些成功的人学习。

后来，欧阳修渐渐大了，郑氏靠织布已经无法维持母子二人的生活，而且她能教给欧阳修的已经全部都教过了，必须要送欧阳修去学堂上学了。这个时候，刚好欧阳修的叔叔来信，希望郑氏能带着欧阳修去找他，以便能更好地照顾他们。为了欧阳修的学业，郑氏毅然离开了家乡，带着欧阳修长途跋涉，来到了湖北的叔叔家里。

在叔叔家，欧阳修终于有机会到学堂里读书，郑氏叮嘱他一定要珍惜这来之不易的机会。欧阳修很懂事，他刻苦读书，在二十三岁那年终于考中了进士，踏上了仕途。

因为出身贫寒，欧阳修十分体恤民间疾苦，痛恨当时腐败的官场，支持范仲淹等人开展变法革新。景祐三年，范仲淹上书批评时政被贬，欧阳修也因为范仲淹辩护，被贬为一个小小县令。但他并没有因此消沉，庆历三年，范仲淹等人推行"庆历新政"，希望能改变当时社会的状况，欧阳修再次因参与变法而遭到贬斥。

连续两次被贬使欧阳修非常沮丧，他觉得愧对母亲的教导，因此向母亲请罪。母亲却对他说："为正义被贬职，不能说不光彩。我们家过惯了贫寒的生活，你只要思想上没有负担，精神不衰，我就很高兴。"

母亲的话使欧阳修茅塞顿开，他不再纠结于自己的命运，而是致力于地方建设。他政绩出色，为官一任，造福一方，为百姓做了许多好事。

在欧阳修的一生中，他的仕途之路并不平坦，但是每一步都有母亲的教导跟随着他。在始终谨记做一名好官的同时，他还积极推动诗文革新，主张文章要言之有物，反映现实，最终成为了宋代著名的诗文大家，对后世产生了很大的影响。

努力才会成功

成长·心语

经济条件永远不是影响一个人是否成才的决定性因素。在日常生活中，如果我们家庭富裕，要懂得珍惜眼前的条件。如果我们家庭贫困，也不要气馁，只要我们拥有不屈的斗志和执着的精神，总有一天也会摘得成功的果实。

小事决定人生

千教万教，教人求真；千学万学，学做真人。

——陶行知

美国有一位心理学家曾经做过这样一个实验：他选取了五十位社会成功人士和五十位曾经犯过罪的人，分别给他们寄了信件，希望他们能谈一谈母亲对他们的影响。

信件寄出后不久，大家的回信陆陆续续地到来了。这位心理学家认真阅读了每一封信，从其中选取了两封，把它们单独拿了出来。这两封信来自于两个不同的人，巧合的是，他们讲述的却是同一件童年小事。

第一封信是一位正在监狱服刑的犯人写的，我们暂且叫他汤姆斯。汤姆斯有一天放学回家，发现桌上放着几个苹果，看起来诱人极了，他和弟弟在旁边眼巴巴地看着，都希望能得到最红最大的那一个。

这时候，妈妈走过来对他们说："你们每个人可以选一个，但是只能选一个。"

"那我要这个！"妈妈的话音刚落，汤姆斯的弟弟就抢先开口，手指还指向了那个最红最大的苹果。

汤姆斯觉得十分懊恼，他后悔自己开口太慢，但是，下一秒，他突然看到妈妈对着弟弟皱了皱眉头。难道妈妈是因为弟弟的选择而不高兴吗？汤姆斯在心里偷偷地想。

正在这时，妈妈转过身问他："汤姆斯，你呢？你想要哪一个？"

汤姆斯的眼珠一转，装出一副很真诚的表情对妈妈说："我是哥哥，应该让着弟弟，那我就选小一点的那个吧！"

"真是个懂事的好孩子！"果然和汤姆斯猜测的一样，妈妈听了十分高兴。最终，汤姆斯不仅获得了妈妈的夸奖和亲吻，而且如愿以偿得到了那个最红最大的苹果。

"从此，我学会了说谎。以后，我又学会了打架、偷、抢，为了得到想要得到的东西，我不择手段，犯下了不可饶恕的罪行，直到现在我被送进监狱。"这位犯人最后这样写道。

然后，我们再来看看另一位回信者的故事。他是一位在白宫工作的著名人士，我们就叫他克鲁斯吧。有一天，克鲁斯回到家里，妈妈拿来了几个苹果，问三个孩子："这里有几个苹果，你们谁想要最大的这一个？"

孩子们纷纷举起了手。

妈妈笑着把那个最红最大的苹果举起来，然后指着门外的草坪对他们说："那好吧！既然你们都想要大的这个，那么我们就来一次比赛。我把外面的草坪分成三块同样大小的区域，谁能最快最好地修剪完自己所负责的区域的草坪，谁就能得到这个苹果。"

孩子们欢呼着奔向草坪，他们拿着工具，奋力在草坪上劳动着，在克鲁斯的努力下，他用最快的速度修剪完了草坪，获得了妈妈的称赞，并且得到了自己想要的那个苹果。

"我非常感谢母亲，她让我明白一个最简单也最

努力才会成功

重要的道理：要想得到最好的，就必须努力争第一。她一直都是这样教育我们，也是这样做的。在我们家里，你想要什么好东西都要通过比赛来赢得，这很公平。而我今天的所有成就，也是这样得来的。"这位成功人士在信里这样写道。

成长·心语

　　同样是分苹果的故事，不同的教育方式导致两个孩子走向了不同的人生道路。我们要从克鲁斯身上学会一个道理，世界上没有白吃的午餐，没有付出就没有得到。我们也要从汤姆斯身上反思一个教训，靠投机取巧可以获得一时的满足，但终将和成功失之交臂。

成功在于持之以恒的小事

天下大事，必作于细。

——老子

纪昌是古代著名的射箭高手，在他成为神射手之前，吃了很多苦。

纪昌初学射箭时，听说飞卫射箭很厉害，于是就向他请教射箭。刚开始，飞卫并没有教纪昌射箭，而是对他说："你先学会看东西不眨眼睛，再来找我吧。"纪昌心想，这个还不简单吗，于是立马就回家去练习。

纪昌回到家，正好看到妻子在织布，便想了个方法。他躺在妻子的织布机下面，眼睛盯着织布机上的梭子进行练习。刚开始没多久，纪昌的眼睛特别疼，不停地流眼泪。他这才发现，练习不眨眼并没有那么简单。但是一想到飞卫说的话，他决定继续坚持。

这样枯燥的日子持续了几年，纪昌终于可以做到就算锥子尖刺到眼眶上，都不眨一下眼睛。他以为这下飞卫应该会教自己射箭的技术了，就高高兴兴地去找飞卫，说自己可以看东西不眨眼睛了，但是飞卫却说："你这样还不够，还要学会视物才行。你练到看小物体像看大东西一样清晰，看细微的东西能像看显著的物体一样容易，再来找我吧。"

飞卫给纪昌泼了一盆冷水，让纪昌心理很不平衡。他以为飞卫是不想教自己射箭，有了放弃的念头。这个时候，纪昌的妻子跟他说："你都坚持几年了，现在放弃岂不是很可惜，而且你已经能够不眨眼了，如果继续按照飞卫说的去做，肯定能成功的。"

纪昌一听，觉得很有道理，就用牦牛尾巴的毛系了一只虱子悬挂在窗户上，然后站在远处看着它。过了十天，虱子渐渐变大了，纪昌开始有了信心。又过了几年，纪昌看虱子已经有车轮那么大了，他再去看车轮，都和山丘一样大了。纪昌觉得这个时候应该可以试试自己的箭术了，于是他便拿着用燕地的牛角装饰的弓，用北方蓬竹制成的箭杆，朝着悬挂在窗口的

努力才会成功

虱子射过去，箭穿透了虱子的正中间，但是绳子却没有断。

纪昌赶快去把这个情况告诉飞卫，飞卫非常高兴地说："你终于掌握了射箭的诀窍！"飞卫开始认真地把射箭的技术全部传授给纪昌。纪昌刻苦努力，虚心跟飞卫学习，终于成为一代射箭大师。

成长心语

　　要想成为大师级别的人物，必须要能下功夫，而且要不怕苦、不怕累、不怕枯燥无味。相信想跟飞卫学习射箭的人不少，为何只有纪昌能学成功呢？因为纪昌听了飞卫的教诲坚持认真地练习，这些点滴细微的练习积累，让纪昌打下了很好的基础。

　　可以说，纪昌是一个勤奋好学、有着很大的恒心和毅力，并且对细微的事情能够持之以恒的人，因此他才能克服诸多的困难，最终达到自己的目的。

努力才会成功

不要躲避那些"辛苦"

不经巨大的困难，不会有伟大的事业。

——伏尔泰

　　森林的边缘有着两棵白桦树，它们是这一片白桦林中挨得最近的两棵白桦树，所以关系也最好。

　　"我们得用力再长高一点，这样才能吸收到更多的阳光，枝叶也才能长得更茂盛。"晴天的时候，一棵白桦树对另一棵白桦树说。

　　"可是这样太累了，我必须得一直挺着腰，而且长太高了，我害怕鸟儿来吃我的叶子。"另一棵白桦树回答道。

　　下雨了，雨水顺着白桦树的枝干流进了土壤里。"我们要用力把根往更深处的地下伸，这样才能更稳地扎根在土地上，有风暴来的时候，也不害怕了。"长高了一些、被鸟儿啄掉了最上面的叶子的白桦树说。

"可是土壤太硬了，我的根受不了这样的痛苦。我们这么平静的地方怎么会有风暴呢？你想得太多了。"它旁边的白桦树不以为然地说道。

没过几年，两棵白桦树就有了不小的差距，一棵高大、粗壮，叶子长得也十分茂盛。而另一棵，因为矮小吸收不到太多的阳光，且根系不发达吸收不了太多土壤里的营养，比其他白桦都矮上许多，枝叶也没有那么茂盛。

"我只要长这么高就行了，不用担心其他的事。"每当周围其他的白桦树让它努力生长的时候，它都这样回复它们。

突然有一天，不知道为什么，森林里刮来了一阵龙卷风。巨大的破坏力让生活在森林里的许多动植物都受到了不同程度的伤害。就连森林里最强壮的豹子也被龙卷风卷到了天上，更别说是其他的小动物和小花了。

龙卷风经过白桦林的时候，没有造成太多的伤害，因为白桦的根深深地扎入了土壤里，牢牢地将自己固

努力才会成功

定在地面上。因为不停地吸收营养、努力生长，它们的枝干又粗又壮，很难被折断。

不过白桦林中有一个例外，那就是那棵矮小又瘦弱的白桦。在龙卷风经过它的时候，它感觉到自己要被拔起来了。它拼命想用自己的根系抓住土壤，可是因为它平时不用力，根部并不坚硬，埋得又浅，根本抵挡不住龙卷风的侵袭。

在其他白桦树同情的目光中，它被连根拔起，和地上的小花、落叶一起卷入了龙卷风中，最后不知道被带到了哪里。龙卷风过后，地上只留下了它浅浅的扎根的痕迹。

和它关系最好的那棵白桦树伤心地哭道："为什么连地上柔弱的小草都没有被龙卷风带走，你这样一棵比小草强大那么多的白桦却被带走了呢？"

成长心语

在学习和生活的道路上，我们会遭遇许多的"辛苦"，面对这些"辛苦"，有人愿意忍受，有人选择逃避，可是逃避掉这些辛苦的人，往往也躲开了成功的眷顾。没有哪一条通往胜利的道路是铺满鲜花的，只有经受过荆棘拦路的痛苦，你才能见到鲜花盛开的花园；只有战胜了波涛汹涌的巨浪，你才能到达苦苦追寻的彼岸；只有锻炼出羽翼丰满的翅膀，你才能飞上广阔无边的天空。如果我们想拥有成功，就不能躲避那些看起来辛苦的事。迎难而上，勇敢前进，你才能迎来美好的明天！

努力才会成功

永不言弃之人也不会被放弃

苦心人，天不负，卧薪尝胆，三千越甲可吞吴。

——蒲松龄

人的一生之中总会遇到大大小小的困难。小困难，好解决，一下就过去了；大困难，可能需要花费更多的精力才能克服。

春秋时期，各国战乱频繁。吴越两国交战，吴王夫差大胜，越王勾践兵败被包围。无路可逃的勾践，准备自杀殉国，却被大臣劝阻。勾践听了大臣的话，"留得青山在，不怕没柴烧"，难关总是能过去的，如果连自己都放弃自己的国家，那谁来拯救他的臣民！于是他向吴王夫差提出求和。

勾践投降，并答应作为人质在吴王身边伺候吴王。此时的吴王也认为越国已经不足为患了，便接受了越国的投降，撤军回了吴国。

在吴国的勾践带着自己的妻子住在一个坟地边上的石屋里，做着喂马、放牛、牧羊的工作。夫差每次坐马车出行，勾践就为他牵马。堂堂一国之君，沦落至此，不过他心中从来不曾放弃。两年后，吴王夫差认为他已经真心归顺了，就放他回国了。

勾践回到越国，立志要一雪耻辱。他怕宫内安逸的生活会消磨他的志气，就在吃饭的地方悬挂一个苦胆。每次吃饭前都要先尝一尝胆的苦味，提醒自己当年兵败痛苦投降的滋味。除此之外，他还让人撤去席子，只用粗糙的柴草做铺盖，让杂草刺痛自己的身体，提醒自己在吴国时经历的做牛做马的屈辱岁月。

为了让国家富强起来，勾践亲自下田和农民们一起劳作，他的妻子也亲自在家织布，以此来鼓励农耕生产。百姓们见到他们如此努力，便也不敢懈怠。

因为之前越国几乎亡国，人口锐减，所以勾践鼓励生育、努力恢复生产、大力发展经济。整个国家又重新恢复了正常运作，并走在不断强大的路上。经过十年艰苦的奋斗，越国终于变得比之前更加富强了。

努力才会成功

公元前482年，吴王夫差北上和晋国争霸，勾践趁此机会突然出兵吴国，一举将吴国打败，还杀了吴国太子。夫差急忙撤兵回国，向勾践求和。勾践因为无法一下子灭了吴国，所以同意了吴王的求和。又过了九年，勾践率兵再次打败了吴国，夫差又派人来求和，勾践这次没有同意。夫差求和不成，羞愧自刎了。

人生难免有失败，如果勾践当初一战败就选择死亡，他也不过是一个殉国的君王罢了。可是当他不放弃生命，坚持下来，面对屈辱也不自暴自弃，而是想尽办法重整旗鼓、养精蓄锐的时候，迎接他的就是伟大的成功。

成长心语

失败不可怕，失去了从头再来的勇气才可怕。能够在失败面前不放弃自己、不沉沦悲伤，让自己变得更加强大才是智者之选、勇者所为。

努力才会成功

以坚持之笔，写就传奇人生

一人绝不可以让自己心灵里的火熄灭掉，而要让它始终不断地燃烧。

——梵高

这天，方文山如往常一样到客户门前去安装防盗系统，他是一位防盗系统安装工程师。他在墙上打洞时，写作的灵感也如飞起的尘土一样，纷纷扬扬地从脑海里迸发出来。他从来不会放过这些灵感，一有空闲时间就会拿笔记录下来，不知不觉已经积累了厚厚一叠。

突然手机响了，他脱下手套，坐在梯子上接了一个改变他一生的电话。电话是吴宗宪打来的，邀请他到台北发展。方文山被这喜讯吓到，还以为是做梦，根本不敢相信自己的耳朵，不过听筒那边传来的的的确确是吴宗宪的声音。他几经确认后才敢相信，真的是吴宗宪通知他到自己新成立的工作室去工作。

一个月前，方文山把自己这些年写的两百多首歌词重新整理，挑出其中自己最满意的一百多首集结成册，装订成一本，寄了一百份出去。寄出去的稿子都石沉大海，杳无音信，他焦虑地等待着，却也没有因此沮丧。他想，就算这辈子只是做一个普通的工人，那自己也是个会写词的工人。

上天总是眷顾努力的人，方文山因为这个机会开始走上了实现梦想的道路。后来，凭借自己的才华，他成了周杰伦的"御用"作词人，和周杰伦一起创造了许多脍炙人口的动人歌曲。可以说，他和周杰伦两个人，创造了一个流行音乐的时代。

方文山家境不好，职高毕业，他发过广告传单，做过餐厅服务员、工厂作业员、送报员、纺织厂机械维修工、物流货车司机等工作，然而他从来没有因为这些工作而丧失对梦想的追求，这些经历反而都成了他创作的源泉。

他热爱文字，一直坚持写词，不管从事什么工作，

努力才会成功

身处何方，他都没有停下他的笔，也正是因为这样，他才从台北郊区不得志的穷小子，到如今成为一名出色的作词人。

成长·心语

　　认清自己心里想要的、热爱的到底是什么，然后坚持下去。确认目标很简单，而坚持是需要一直做的事，任何事情都抵挡不住坚持的力量。水是天下至柔，但日久也能滴穿石头，这并不是因为它有多大的力气，而是它能够锲而不舍罢了。所以，凡事贵在坚持！

努力才会成功

人生没有坦途

登上了山顶，可能是伤痕累累，但看到的却是无限风光。

——佚名

宁泽涛出生于河南郑州的一个军人世家，一个周末，他的母亲提议一起去公园的湖边漫步，小宁泽涛拒绝了。母亲问他原因，他支吾地答道："我害怕水。"

"水有什么可怕的？儿子，你要知道，人生哪有那么容易，成长的道路上总会遇到很多困难，作为一个男子汉，你要学会克服内心的恐惧，才能变得战无不胜。你愿意去学习游泳吗？"面对母亲的鼓励，宁泽涛点点头，下定决心要战胜自己对水的恐惧。

宁泽涛的母亲是个雷厉风行的人，就在宁泽涛答应学游泳后不久，她就为他报了游泳班。起初，他还是会害怕，可当他看到电视机里的运动员在国际赛事上获奖，五星红旗飘扬在全世界面前的时候，他的胸中涌出了一腔热血。

一颗小小种子的生根发芽，离不开风雨的灌注和种子自身的拼搏。宁泽涛从此开始发愤图强，才十一岁，就成了河南省体工二大队的运动员。在宁泽涛十三岁的时候，他见到了著名游泳教练叶瑾。

"你虽然个子高，但是身材瘦弱。你觉得我为什么要收你做弟子？"第一次见面，叶瑾就问了宁泽涛这样一个问题。

"因为我水感好，动作轻飘，因为我的前途无限。"宁泽涛笃定地回答。这让叶瑾心生欣喜，当场拍板决定收下这个"有目标、有追求"的弟子。

一天，训练结束后的宁泽涛和队友们一起回到宿舍，队友们看到他床板上的涂鸦十分好奇地问道："这些数字是什么？"

宁泽涛笑笑："这些是游泳运动的亚洲纪录，我想每天第一眼就看到它，知道自己的差距，然后打破它。"这话一出，所有人都惊奇不已。但没有人怀疑

努力才会成功

过他的决心。因为所有人都明白，运动员为突破而生，记录这种东西就是为打破而存在的。

在训练上，宁泽涛从不懈怠，年纪轻轻的他身上有着因训练落下的无数伤痕。可是他从未放弃，因为他明白通往奖牌的道路上必定满是荆棘，所有光芒的背后阴影必定相随。他驰骋了一个又一个泳池，碰了无数的壁，受了无数的谣言委屈，依然微笑面对。如今，宁泽涛已经不止一次打破五十米和一百米自由泳的亚洲纪录。

在宁泽涛的身上，我们看不到许多年少成名的运动员身上常有的"叛逆气息"，取而代之的是正能量、自律、果敢。有一次，一位记者采访问他希望成为一个什么样的人时，宁泽涛笑着说："希望自己能成为一个榜样，能给大家传递快乐的信息和正能量。当然，也希望大家能明白，成功没有理所当然，我能站在领奖台上，能够打破这么多记录，都要感谢我的父母、教练和从未放弃的自己。"

成长心语

　　宁泽涛常常身上带伤，可他从来不喊疼。生活中会遇到挫折，网络上会被舆论攻击，可他从来不喊委屈，只用成绩证明自己决不放弃。人生没有坦途，要翻越一座座高山，经过无数河流，中间曲折的道路更是数不清，可当你经历过、努力过，你便会发现，那些风光是如此美丽。

真理之路总是满布荆棘

我能想象到的人的最高尚行为，就是传播真理，就是公开放弃错误。

——利斯特

四百多年前，人们对空间的认识十分有限，一直认为地球是宇宙的中心。

直到一位学识渊博，独具先进的宇宙观的天文学家——布鲁诺站了出来。他告诉人们，"地球是宇宙的中心"这一观点是错的，哥白尼提出的"太阳是宇宙的中心"的观点比较接近正确的观点。但是，太阳只是无数的恒星之一，而在宇宙中类似太阳一样的恒星是无限多的。

布鲁诺的思想在那个时代是先进的，但是这一观点却挑战着当时的权威。于是，罗马教廷逮捕了他。

"只要你不再宣扬自己的学说，我们就可以放过你。"罗马教廷的人对布鲁诺说道。

　　布鲁诺拒绝了。他的学说和不屈服的精神震慑住了罗马教廷，在对他进行了长达八年的折磨后，罗马教廷终于放弃了对他的劝说，决定将他烧死。于是，1600年2月17日，在罗马的鲜花广场，这位让教廷恐惧的天文学家面对要点火的刽子手，严肃地说道："你们对我宣读判词，比我听到判词还要恐惧。"

　　布鲁诺是成功的，虽然为了真理他付出了自己的生命，但是他为人类对宇宙的认知做出了伟大的贡献，如果没有他的坚持和反抗，也许我们会永远被拦在真理之外。

　　真理之路布满荆棘，伟大的科学家们为了追寻真理，毅然踏上征途，披荆斩棘，最终到达终点。这样的精神和勇气值得我们铭记，也值得我们学习！

努力才会成功

成长心语

古往今来，有大成就的人没有一个不是历经艰辛才成功的。他们正是因为遭受了这些磨难，才磨炼出了不屈的意志和坚持的精神，实现了伟大的抱负。

因此，没有哪一条通向真理的路是铺满鲜花的，没有哪一条通往成功的路是平坦无阻的。想要知晓真理、通往成功就必须战胜路上的荆棘，没有坚韧不拔的毅力，就无法成功。

二十二年见证"中国天眼之父"

> 我达到目标的唯一力量就是我的坚持精神。
>
> ——巴斯德

"你是疯了吗？好好的工作不要，偏偏去那个寒酸地。"

"我没疯。那是我的家，我的国！"

1982 年，正值壮年的南仁东没有听朋友们的劝诫，在一片惋惜声中回国就任中国科学院北京天文台副台长。这意味着他放弃了国外优越的研究条件，放弃了讲究的西装革履，放弃了高额的工资，选择了一个一切尚处蒙昧、亟待建设的环境。

可是南仁东觉得钱财是身外物，一切都不及为祖国做贡献重要。他一直有一个目标，就是带领着中国天文界走向世界，傲视苍穹。

努力才会成功

1993 年，在日本召开的国际无线电科学联盟大会上，南仁东代表中国天文学家出席。会上，全球的天文学家们都在讨论如何应付全球电波环境恶化，并提出建造新一代的射电"大望远镜"的构想。南仁东觉得这个项目很有意义，当即兴奋地对同事说："咱们也建一个吧！"

"可是我们的技术和资金有限……"兴奋当头，南仁东就被同事泼了一盆冷水。

南仁东知道同事说的是事实。在 20 世纪 90 年代的中国，核心技术遭到封锁，关键技术还处于研究初级阶段，想要建一个大口径的射电望远镜都是一件难事，更何况是直径五百米的世界上独一无二的单口径射电望远镜呢？

不能放弃！南仁东暗自下定决心。如果没有技术就加紧攻克，如果没有资金那就降低成本，如果……没有如果！南仁东的倔脾气一上来，就什么都阻止不了他。

在经过无数次讨论和研究后，他的"选址"将成为整个项目成功的关键。于是他二话不说，带上三百多幅卫星遥感图，用了十二年时间翻山越岭、涉江蹈水，寻找心目中最理想的"望远镜"之地。

这些年里，风餐露宿已是常事，很多有经验的山民都不敢走的山险小道，他走了不知多少次。终于，在云贵高原喀斯特洼地，他找到了心仪之所。

难题总算解决了一桩，可是南仁东的心还是没能完全放下。因为他知道，真正的挑战来临了——资金筹备，这个千古难题让南仁东硬生生从一个寡言的学者，变成了项目推销专家。这期间，他一边为项目资金奔走游说，一方面还在为项目研究而不断地努力。他为项目命名"FAST"，正是希望项目可以完成得又快又好。

皇天不负有心人，在度过了最难的十年后，FAST项目在世界上逐渐有了名气，与国内各大院校合作的技术开发也有了突破性进展，这让他倍感欣慰。一切就绪，只差一份立项的"东风"。

2007年，国家终于批复了关于FAST的立项申请，2012年项目正式启动，2016年9月25日，中国的"天眼"——FAST项目终于完工！南仁东用二十二年的不

努力才会成功

负初心，带领中国天文界打开"天眼"，傲视苍穹；他用二十二年的漫长时光，做了一件值得全人类为之骄傲的事；他用二十二年的坚持不懈，克服了重重的困难，在最艰难的环境里铸就了中国天文界的辉煌！

只要功夫深，铁杵磨成针，坚持的精神是你达到目标路上的最大助力！

成长心语

　　南仁东用二十二年铸成"天眼"，也以二十二年向所有人印证了"坚持"二字的力量。他一生从未畏惧过困难和苦难，在项目最艰难的时候，他咬牙挺了下来；在项目成功的时候，他却深藏功名，只愿做一个兢兢业业的科学家，为科学事业奉献一切。从南仁东老先生的身上，我们可以看到一种永不服输的精神，可以学习到一种不怕艰难困苦，为理想而不断奋斗的美好品德。

努力才会成功

画无止境，前行风景更美

逆水行舟用力撑，一篙松劲退千寻。

——董必武

1865 年 1 月 27 日，黄宾虹在浙江金华出生。他的父亲是一名徽商，对子女教育从来不惜重金。因此黄宾虹自小就学习四书五经，有着良好的国学基础。

在当时，很多徽商都有收藏的爱好，他的父亲也不例外，所以对于那些金石书画，黄宾虹很是熟悉。由于从小耳濡目染，他对它们便产生了浓厚的兴趣。

黄宾虹学习山水画似乎是一件水到渠成的事情，"新安画派"疏淡清逸的特色是他画学的基础，而徽州的山水、建筑、人情则是他作画的灵感源泉。六岁时，他便能像模像样地临摹古人的山水册，他十一岁时摹刻的篆印让他的父亲都感到惊讶。他的父亲对他画画很支持，为他创造了良好的学习环境。黄宾虹每日作画，哪怕月上柳梢，他的画笔也不停下。传说他每天作画多达八张，这个习惯直到老了也未曾变过。

成年后的黄宾虹用画笔记录了中国的大半江山。他一生曾九次登顶黄山，五上九华山，四游岱岳、西湖、富春江，足迹踏遍了江西的庐山、福建的武夷山、四川的峨眉青城、广西的桂林阳朔、江苏的太湖、浙江的雁荡山。每到一处景点，他必会勾画大量的速写，哪怕风雨潇潇也不例外，他的著名画作《青城烟雨图》《石上藤萝月》正是在这样的情境下创作出来的。

人至中年，黄宾虹对待画画的态度更像是"修行"。他拿着画笔走川访水，六十九岁在四川登山写生，七十岁邂逅道教圣地青城山，七十一岁访黄山，七十二岁重游桂林山水……与此同时，他也总结出了一批影响深远的绘画理论。

年迈的黄宾虹对作画没有丝毫的懈怠。1948年7月，黄宾虹离开北平南下杭州栖霞岭，成了"西湖老画工"。

在栖霞岭生活的七年，是他生命里的最后七年，

努力才会成功

同时也是他一生创作的高峰期。即便年老体衰，即便疾病缠身，黄宾虹依然坚持研习书画。

他制定了"宾虹画学日课节目"，要求自己每日按日课学习和工作，做到"无一日闲过"。哪怕是在他几近失明的岁月里，也依然如此。

说也奇怪，在目不能视的日子里，黄宾虹的画蜕变成了"浑厚华滋"的风格，画中有人情，画中有丘壑。更令人惊讶的是，在他九十岁手术成功后，他绘画的风格又进入了"复归婴儿"的大境界。

黄宾虹的一生并非坦途大道。但是，不知是他影响了画还是画影响了他，不管是面对艺术还是生活，黄宾虹始终保持一种平静、淡泊的态度。

他曾说："古来画者，多重人品学问，不汲汲于名利，进德修业，明其道不计其功。"也许正是因为这样的精神、态度和对书画的坚持，他才能有如此大的成就。

成长·心语

　　黄宾虹在中国近代绘画史上与齐白石并称为"南黄北齐"。他的一生富有传奇色彩，虽然年轻时名声不显，但他锲而不舍、不断探索，终于在晚年臻入巅峰。

　　学如逆水行舟，不进则退。其实不仅是学习、绘画或是任何一件事情，只要你认准了，勤学苦练，一定可以成就一番大事业。前行，让人生的风景更加美好。

努力才会成功

大圣归来

成功的秘诀，是在养成迅速去做的习惯，要趁着潮水涨得最高的一刹那，不但没有阻力，而且能帮助你迅速地成功。

——劳伦斯

2015 年，中国有一部非常火的动画电影《大圣归来》。没有过多的营销宣传手段，凭借着本身过硬的内容质量，凭借无数观影人的口碑宣传，这部动画电影成为当时的一匹黑马，最后收获了超过六亿的票房。《大圣归来》的导演田晓鹏八年磨一剑的电影制作经历也为大众所知。

田晓鹏是地地道道的北京人。他曾经参与国产动画片《西游记》的制作。也就是因为这个缘分，他对《西游记》这个故事和对孙悟空这个经典角色产生了一种不一样的情感。当看到很多描写国外的英雄人物的奇幻科幻类题材电影在中国大获成功时，田晓鹏产生了一个念头，他要制作一部带着中国精神文化印记的 3D 动画片，让中国故事中的经典角色焕发崭新的生命力，为中国的观众所喜欢。产生这个念头后，田晓鹏立马把念头化为实际行动。2011 年，他立项《大圣归来》动画电影，准备投拍，紧接着马不停蹄地准备起来。田晓鹏拿着自己的想法去找许多投资人聊，希望得到资金上的支持。但是当时的市场是日本、美国的动画片大行其道，中国的动画片内容低幼化、制作简单粗糙，观众对国产动画电影都十分不认可，自然也没有投资人看好田晓鹏的项目。

《大圣归来》前前后后的筹备和制作花了八年的时间。田晓鹏在拉不到投资支持后，回老家，向亲戚借了一笔资金，又拿出了自己所有的积蓄，还有公司股东的钱，开始了动画电影的制作。虽然资金投入不多，但是田晓鹏在电影制作过程中的要求特别精细，一个镜头改十几遍是常有的事，其中还遇到了员工大量离职、成本超支等问题。为了支持电影的拍摄，田晓鹏

努力才会成功

甚至把父母、岳父岳母的钱都借来投资了。最窘迫的时候，公司的复印机坏了都没有钱去维修。

等到电影终于制作完成，田晓鹏发现从制作初期跟他到现在的员工只剩下了两名。

2015 年 7 月 10 日，《大圣归来》如约在大屏幕上与观众见面。这部耗时八年，费尽心血的作品放映后迎来了好评如潮和票房的炸裂式爆发。被镇压多年的孙悟空，失去了斗志，而小和尚江流儿误打误撞解除他的封印后，与悟空一起冒险，善良的江流儿最后让悟空找回了初心，找回了勇气，找回了斗志，成为守护同伴和世界的英雄。悟空赤目金瞳，以红色火焰为袍，手执一根如意金箍棒，踏在高山大石上，成为观众脑海里最经典的画面。

上映两周，《大圣归来》超越好莱坞电影《功夫熊猫 2》，拿下了六亿二千万的票房，夺得了中国动画电影票房总冠军。田晓鹏的付出终于得到了回报。

成长心语

一旦确定自己的目标后，就立马去做吧！不要给自己任何拖延的借口，不要畏惧任何困难。快速行动，果决前进，才是成功的秘诀！

努力才会成功

从零开始不可怕

> 如果你浪费了自己的年龄，那是挺可悲的。因为你的青春只能持续一点儿时间——很短的一点儿时间。
>
> ——王尔德

邓亚萍是世界著名的乒乓球运动员。她是中国奥运史上第一个获得四枚金牌的乒乓球奥运冠军，也是中国第一个在世界乒乓球大赛获得大满贯的得主——十四年的体育生涯中，邓亚萍拿到过十八次世界冠军。然而今天，我们分享的不是她在体育赛场上奋力拼搏，为国家夺得荣誉的故事，而是她在放下四枚奥运金牌、十八次世界冠军奖牌后，重新出发的故事。

邓亚萍的父母家中有一间专门的屋子用来摆放邓亚萍获得的所有奖牌、奖杯。那是她过往体育生涯的光辉纪念。然而，在邓亚萍退役后，有一位前辈告诉她，把所有的奖牌、奖杯、奖状展览出来意义不大，她应该把那些都收起来，因为那都是过去的事情了。

在体育运动方面获得了巨大的成功和成就的邓亚萍，在退役的时候也思考过，不打乒乓球了，以后做什么呢？是留下来当乒乓球教练，从事体育事业，还是走向社会，选择一条新路呢？

前一条路对她来讲很简单，她很容易就能胜任，但如果选择一条新路，一切都是未知数。

邓亚萍退役后，选择的是第二条路，去清华大学读书。她认为除了乒乓球什么都不擅长的自己，如果不多学习一些知识，在社会上是没有任何竞争力的。

邓亚萍在清华上第一堂英语课就遇到了巨大的困难。因为她的英文水平是零，就连二十六个英文字母她都默写不全。而邓亚萍当时还被当时的奥委会主席萨马兰奇任命为国际奥委会运动员委员会的委员，去开会的时候，里面所有的委员都能讲英语，只有邓亚萍必须带着翻译，讨论问题比别人慢半拍。这让邓亚萍非常不甘心，她想，既然已经选择了新的道路，那

努力才会成功

她不能只靠着往昔的荣誉开路，而是应该把自己的能力提升起来。

于是，她开始苦学英文，一遍遍练习英文口语发音。她学英语不到三个月后，第一次自己用英文在奥委会国际会议上直接发言。萨马兰奇听完她的演讲后，带头给她鼓起了掌。

攻克了英文难题后，邓亚萍再接再厉，凭着一股顽强拼搏的体育精神，拿下了清华大学的学士学位，又转到了英国的诺丁汉大学攻读硕士学位。

读完硕士，在亲朋好友惊诧的目光中，她又做出了一个决定——攻读剑桥的博士学位。

毕业后，她更是在许多知名企业任职，她做过《人民日报》的副秘书长，中国政法大学的兼职教授，互联网平台的首席执行总裁，甚至建立了中国第一个由著名运动员命名的体育产业基金。

从奥运冠军到执行总裁，邓亚萍没有虚度任何一点儿时光。她有把人生归零的勇气。这样的人，无论重新开始多少次，她总能达成她的愿望。

成长·心语

　　一位从奥运冠军到执行总裁的传奇人物，告诉我们人生需要有归零的勇气。从零开始并不可怕，重要的是你是否有面对困难、解决困难的决心和勇气，并为自己的梦想努力。

努力才会成功

细节影响成败

小事成就大事，细节成就完美。

——戴维·帕卡德

细节会影响到一件事情的成败。惠普的创始人戴维就说过"小事成就大事，细节成就完美"的名言。

我们可以从一些成功企业家的故事中更深入地体会到这句名言阐述的道理。

说到娃哈哈，在中国可能没有人不知道这个品牌。娃哈哈是中国民族企业里名声响当当的一个品牌，而娃哈哈的创始人宗庆后，就是一个非常注重细节的人。

宗庆后的创业故事非常传奇。他四十二岁的时候才开始创业。创业之前，他曾经做过农民，下过田地插秧，做过采茶、烧砖、蹬三轮车、卖冰棍等工作。而就是这样一个老老实实做过很多辛苦工作的人，从零起步，把一个只有三名员工的小企业创办成了一家中国知名的品牌集团公司。

宗庆后某一次在一家电视台的人物访谈中讲述了他的创业经历。

主持人在问了很多关于宗庆后的创业故事、团队管理、品牌塑造等方面的问题后，提出要跟宗庆后做一个问答的小互动。宗庆后点点头答应了。

主持人在观众们热烈的掌声中拿出了一瓶娃哈哈的矿泉水，问出了第一个问题："你们所生产的娃哈哈矿泉水，瓶子的瓶口有几圈螺纹？"

宗庆后连一秒钟都没有思考便利落地给出了答案："四圈。"主持人扭开瓶盖数了数，果然是四圈，除了一脸理所当然的宗庆后外，其他人都十分惊讶。

主持人又指着矿泉水瓶，问了第二个问题："你们所生产的娃哈哈矿泉水，瓶子的瓶身有几圈螺纹？"

"有八圈螺纹。"宗庆后依旧毫不思索地给出了答案。主持人拿起瓶子数了数，发现了问题："不对啊！这个瓶子只有六道！您答错了！"

台下一片哗然。可宗庆后依旧不慌不忙地回答：

努力才会成功

"我的答案没错，是八圈螺纹，因为上面还有两圈小的。"

主持人和观众这才注意到矿泉水瓶瓶身上方的确还有两圈螺纹。

见宗庆后没有被问题难倒，主持人决定提高问题难度。她指了指矿泉水瓶的瓶盖，问出了第三个问题："您知道这个瓶子的瓶盖上有几个齿吗？"

台下的观众都惊呆了。因为这个问题的难度太大了。瓶身的螺纹还好，平常容易观察到，而水瓶的瓶盖上有多少个齿，这个问题平时根本没有多少人注意，更何况是回答出正确答案来。

"你这个问题提得很好，很细致，但依然难不倒我。"宗庆后笑眯眯的，脸上的神情一点儿都不紧张，似乎对答案胸有成竹，"身为一名企业的管理者，除了要紧抓大方向，产品的各个细节问题也应该了解清楚。我们公司生产的矿泉水瓶盖，每个瓶盖上的齿都是十八个。"

主持人拿着瓶盖仔细数了一遍，果然是十八个。她又拿了另外几瓶没打开过的矿泉水，喊了台下的观众亲自来数，一个，两个，三个……上台的观众纷纷表示，瓶盖的齿都是十八个，跟宗庆后说的完全一致。

答案公布后，观众席瞬间爆发出了热烈的掌声。最后，主持人结束采访时，总结道："对于成功的人，我们总是充满好奇。宗庆后先生身为一位有着上百亿财富的民族企业家，管理着十几家公司和几万人的团队，每日要处理的事务是多么繁重。然而，他连自己的企业生产的矿泉水瓶盖上有几个齿都知道得清清楚楚。从这一点，我们也可以看到，成功离不开对细节的关注。"

成长心语

　　每一份成功都来之不易。渴望成功而不重视细节，是一种轻率的行为。只有方向和细节一起把握，把事情做细致，把每个小的环节落到实处，我们才能获得更大的成功。不想功亏一篑，面对决堤风险，就要时刻检查堤岸上的蚁穴。

被三次扔掉画笔的画家

执着追求并从中得到最大快乐的人,才是成功者。

——梭罗

亨利·卢梭是法国著名的印象派画家。他小的时候,他的父亲是一位打铁匠,希望亨利以后能子承父业,当一名铁匠,于是平常会把打铁的手艺教给他。

可当亨利上学,学习了更多的知识,并且接触到绘画艺术之后,他突然意识到,自己并不想成为打铁匠,而是想当一名画家。可亨利不敢把自己的想法告诉严厉的父亲,他只能趁着父亲不在的时候,偷偷放下父亲让他做的打铁的工作,去练习绘画。

有一天,小亨利又趁父亲不在的时候,偷偷跑回自己的房间练习画画。他脑海里满是创意和灵感,就连火炉里的火花,都变成了他可以在画布上呈现的对

努力才会成功

象。因为太专注于自己的绘画，小亨利甚至忘记了父亲的叮嘱——看住火炉，并不断加煤。

"砰"的一声巨响，小亨利的房门被怒气冲冲的父亲推开了。父亲看到小亨利在画画，更加生气了："你放着关系着全家温饱的火炉不管，就是为了画这些没有一点儿用处的画！"父亲不顾小亨利的求饶，冲过去把小亨利暴打一顿，还把他的画笔和画纸全都扔了出去。

"可是，父亲，我只喜欢画画，不喜欢打铁啊！"

"画画能让你填饱肚子吗？不能！但是打铁可以让你吃饱饭，活下去！"父亲强势地命令小亨利将功赎罪，去把火炉的火重新生起来。小亨利为自己丢失的画笔和画纸感到痛心，但是他知道再反抗也没有用。于是，他默默地完成了父亲交代的工作，等到父亲去休息的时候，他偷偷地跑出门，把被父亲丢掉的画笔和画纸找了回来。

毕业后，小亨利还是没有继承父亲的职业，但是他也没有当成画家，而是去做了一名乐团的小提琴手。尽管如此，他还是更喜欢画画。在练习小提琴的间隙，一有时间就会拿出画笔画画。乐团老板撞见了多次，终于有一天，爆发了："亨利，你到底想做音乐还是想画画？"

"画画！"亨利毫不掩饰地回答。他坦诚的回答被乐团老板当成了挑衅，于是，一怒之下，乐团老板把亨利的画笔扔进了外面的垃圾箱，并且抬手指着门口的方向："既然你那么喜欢画画，就立马离开乐团！给我滚得远远的！"

亨利没有争辩什么，没有跟乐团老板求情，而是出门，把自己的画笔从垃圾箱里捡起来，离开了乐团。

再后来，亨利得到了一次不错的工作机会，进入了海关工作，还有了自己的独立办公室。

亨利太开心了，不是因为薪水和待遇比从前的任何一份工作都要好，而是他觉得自己终于有足够的空间和安静的环境练习画画了。于是，他又在工作完成的空闲休息时间，在办公室里画画。一次被上司撞见后，上司生气地把亨利的画笔和画纸扔了出去，并且当场解雇了他。

亨利已经习惯了这种对待，但是他知道自己无法

★★★
努力才会成功

克制对画画的热情与喜爱。他没有向上司求情，而是再一次从地板上捡起了画笔和画纸，离开了办公室。

又一次因为画画而失去工作后，亨利觉得自己可能不适合一边做其他事一边画画，他应该更加专心地投入到自己的爱好中去。于是，他开始了职业画家的生涯。

两年后，亨利成功举办了自己的个人画展。而来到画展观看他作品的人，被画作传达出的那种天真与热情的情绪所感染。干净清晰的线条构成的丛林、草地、荒漠透露出一种与世隔绝的宁静。

由此，亨利·卢梭的作品轰动了法国，他也成为世界绘画史上有杰出成就与贡献的印象派画家。

成长心语

　　亨利·卢梭曾经在自己的日记里这样写道："我有过三次弯腰的经历，都是为了捡起被人扔掉的画笔，但我的弯腰不是妥协，不是逆来顺受，而是一种与命运的抗争，一种对梦想的坚守！"人生总是会因为梦想而闪闪发光。

创造机会才能实现梦想

美丽的东西必须一方面跟自然一致，另一方面跟理想一致。

——席勒

柔软的海滩上，一只螃蟹和一粒沙子在说话，原来这粒不同寻常的沙子正在为自己的未来发愁。

大多数的沙子逃不过两种命运：一种是躺着晒太阳，等待海水把它们冲进海里，然后沉淀在海底，无声又卑微，永远没有出头之日；另一种命运，就是被小船运走，然后用在建筑物中，同样默默无闻。

沙子问："螃蟹，你有什么梦想吗？"

螃蟹回答："我想要去海的那一头看看。"

"那你就要出发，为自己创造机会。"沙子又继续说："我最大的梦想，就是活得和其他沙子不一样，我想要变美变漂亮，找到自己的价值。"

螃蟹挥舞着大钳子回答："我见到过晶莹透亮的珍珠，听说它们就是由沙子钻进海蚌的身体中变成的，不过变成珍珠的过程非常痛苦，而且需要机会，很难成功。"

沙子一听，有信心地说："我可以做到！"

这时，海水中漂来一段浮木，螃蟹看见了立刻爬了上去，朝海的那一头出发。

沙子和螃蟹告别后，一直守在沙滩边，等待着能变成珍珠的机会。但是一天又一天过去了，一直都没有海蚌出现。沙子没有气馁，它决定到其他地方试试。

沙子黏附在来海边游玩的人类身上，被带到了一个陌生的海滩，附近有许多慢慢爬行的海蚌。海蚌壮硕，爬行缓慢，一副懒洋洋的样子，它们一般不会主动追逐食物，只是靠鳃和唇瓣上的纤毛摆动，让水中的食物随着水流从入水孔进入肚中，达到饱餐一顿的目的。

沙子在海滩上滚动，来到了一只海蚌旁边，它准备悄悄溜进蚌的体内。可是沙子不走运，它刚刚到壳

努力才会成功

边，海蚌就合上了壳。

沙子又尝试了几次，依旧失败了。没成功的沙子静静地观察海蚌的一举一动，发现海蚌特别喜欢吃小鱼小虾、浮游生物和植物叶子的碎片。沙子找到了机会，它附在一只小虾的背上，趁着海蚌张嘴吞入小虾时，成功地进入了海蚌的肚子里。

沙子在海蚌的身体内并不好受，海蚌的身体在感受到外界刺激性的细小杂物时，便会分泌出一种物质。沙子被那些物质层层包裹，不知道时间过去了多久。当海蚌被人捞起剥开，沙子发现自己已经成了一颗闪亮的珍珠。

倘若沙子永远不曾离开那片海滩，它不会遇到海蚌。倘若沙子没有给自己创造机会，进入到海蚌的肚子内，它永远不会变成一颗珍珠。时间不会等人，要想实现自己的梦想，如果没有天时、地利、人和这些因素，就要自己学会为梦想创造机会。

创造机会，在机会来临之时牢牢把握住，之后不管会遇到什么，要懂得利用身边的条件为自己服务，铺好脚下的道路，一步步实现自己的梦想。

成长心语

有一句话说，机会总是会留给有准备的人。这句话告诉我们，一个人要懂得创造机会，更要学会利用机会，把握机会。一个没有提前做好准备的人，在机会来临时，也会让它偷偷地溜掉。

做好准备，它意味着你要明白你追求的是什么，要学习的是什么。假如你想成为一名作家，你现在就要开始大量阅读书籍；假如你想成为一名书法家，你现在就要开始临摹、练字；假如你想成为一名律师，你现在可以多了解相关的法律案例……每个人的成功都不是偶然的，它一定是量的积累到达一定程度，完成了质的飞跃。

正确认识自己，充实自己，找准目标，抓住每一分每一秒的时间学习、进步，在你还有时间的时候，发现自己的不足并且弥补这些不足，才能在将来机会来临时，攀登上理想的高峰。

认真的人不会被辜负

在这个并非尽善尽美的世界上，勤奋会得到报偿，而游手好闲则要受到惩罚。

——毛姆

有一个年轻人，大学毕业后进入物流行业，成了一名快递员。年轻人长得不帅，却很注重个人形象。别的快递员常常是蓬头垢面，骑着电动车，迅速地给这家送了快递就跑下一家。而这个年轻人西装革履，皮鞋擦得能倒映出人影，并且每次都很有礼貌地为客户取、送快递，耐心倾听他们的意见。

其他同事笑话他是个傻子，穿着皮鞋"跑四方"不嫌累。年轻人只是羞涩地微笑，并不多说话。他每次收快递时都恭敬地把名片送出去，只要接到客户的电话，不管在做什么，他都会第一时间赶过去。

每次客户填完快递单，年轻人都会慎重地核对信息、收费、找钱，然后真诚地道谢。送快递时，他都要确认签收人的身份，等待物体被打开，让收件人查看是否有误，每一个细节都确认好后，他才离开。因为入行不久，他不想出错，所以每件事他都认真对待。

年轻人不精明，所以他每次送快递花的时间总是比其他人要多一些，有时候也会跑掉一些单或者得罪一些人。

有一次年轻人因为帮一个眼神不好的老人填写快递耽误了时间，因此下一位客户的急件送迟了。快递送到女客户手里时，女客户生气地对他一顿谩骂，年轻人连声道歉，说明了迟送的原因，并把在路上买来的一袋水果，送给女客户赔罪。

年轻人不好意思地说："这是我毕业后的第一份工作，我想尽量让所有客户都满意，这次耽误了您的宝贵时间，我表示歉意，这是我的个人心意。当然您如果要投诉我，我也会欣然接受惩罚。"

女客户本来也是一时生气，现在倒是有些不好意思起来。这么长时间，她第一次遇到态度这么诚恳的

努力才会成功

快递员。况且他也是为了帮助别人才延误了时间，自己实在没必要为难他，女客户的气就这样消了。此后，年轻人记住了这个女客户，其他客户不赶时间的情况下，他都会优先送这位女客户的快递，时刻提醒自己曾经的过错。

也许是因为他的认真和真诚，许多人都记住了他，再有快递的信件和物品，客户都会打电话先找他，还在小区内向别人推荐他，帮他一起提高业务量。有的小区他跑得次数多，一来二去，小区里的居民都和他熟悉了起来。

有人不理解他，无论严寒还是酷暑，他总是西装革履，有必要这么讲究吗？

年轻人说，衣衫整洁是对客户最基本的尊重，也是对自己职业的尊重。

年轻人没有其他同事那么能说会道，他只会认真做人，踏实做事，没有任何抱怨。年轻人干了三年，领导将他的态度和能力看在眼里，提升他当了主管，再后来他成了分公司经理、总公司经理……

为什么他会提升得这么快呢？原来这个年轻人当

快递员这几年，是唯一一个没有接到过客户投诉、好评如潮，还整理了客户信息库的快递员。他不多话，可是他做的事情全被人看在眼里。他的认真，他的敬业，他的能力，全都让人折服，哪个快递公司不会提拔这样的员工？

认真是一种力量，它让你时刻端正对待事情的态度，专注于心，脚踏实地，认真的人不会被成功辜负。

成长心语

　　世界上没有笨的人，只有不认真不勤奋的人。你想实现自己的理想，首先一定要勤奋，要认真地对待每一件事。态度上认真，身体上勤奋，这些都是后天自己能养成的习惯。只要心怀抱负和信念，不要因为在某件事上受挫就放弃，就一定能有所成。

　　当然，认真不意味着较真、计较。做事情自己要认真，但是对待别人不能太较真，要学会宽容，严于律己，宽以待人，希望就在前方。

抓住人生中的机遇

有理想的生活，即充满了公共利益，因而抱有高尚目的的生活，便是世界上最优美、最有趣的生活。

——米哈伊尔·伊万诺维奇·加里宁

追求理想的道路十分漫长，一路上会遇到数不清的危机。我们要用积极的心态面对危机，也要审时度势，勇敢地抓住人生中的机遇。

胡雪岩是清末的大富豪，坐拥财富和名誉，但是在取得成功前，他一无所有。在胡雪岩的人生中，有两次命运的转机，正是因为胡雪岩把握住了这两次机会，沿着正确的方向奋斗，才有了后来的成功。

第一次命运的选择，是在胡雪岩十五岁的时候。那时他在大阜杂粮行当学徒，每天做着一些无关紧要的跑腿工作，不仅十分辛苦，还学不到什么有用的技

努力才会成功

术。有一天，一位来自金华的客人来谈生意，生意还没开始谈，客人就病倒了。客人在当地没有亲人，病情又严重，生意也没做成，非常着急。胡雪岩从老板口中知道了这件事，主动去看望客人，守在他的病床前照顾他。没多久客人康复了，他记住了这个小伙子。

客人对胡雪岩说："你这个人心地善良，做人做事都很合我心意，我觉得你在这里屈才了，我是金华火腿行的大老板，规模比你待的杂粮行大，我想邀请你来我这儿上班，你愿意吗？"

一般人面对这种机会，肯定会毫不犹豫地答应，但胡雪岩感激杂粮行对自己的照顾，考虑了一下说道："我现在是杂粮行的学徒，我做出任何决定，都必须经过老板的同意，所以我要先和我的老板商量一下，再答复你。"

于是，胡雪岩去找杂粮行的老板，征询他的意见。老板是个豪爽的人，他见胡雪岩懂事又讲义气，决定让胡雪岩自己选择自己的人生。胡雪岩慎重考虑后，觉得这是一次机会，他选择和客人去了金华，进了金华火腿行上班。

在这里，他迎来了自己人生中第二次的机遇。胡雪岩在金华开阔了自己的视野，见识到了许多大人物。他善于观察，发现了很多行业都要和钱庄打交道，钱庄就像一根纽带，连接着许多业务往来，于是胡雪岩认定，开钱庄十分赚钱，他要朝着这个方向努力。

胡雪岩这次没有去征询老板的意见，因为他意识到自己的能力还不足。胡雪岩先是去各大钱庄了解到钱庄学徒的三大条件：算钱要算得快、字要写得漂亮、会熟练地打算盘。然后，胡雪岩开始自学书法、练习心算、打算盘，他练习刻苦，又有自己的目标，进步非常快。后来一到火腿行与钱庄打交道的时候，胡雪岩就会主动地与钱庄掌柜交流对账，时间一久，钱庄掌柜发现胡雪岩非常聪明，心算和珠算都很厉害，人也非常诚实苦干，于是主动找金华火腿行的老板，想要这个人才。老板看到钱庄掌柜提出这样的要求，心想胡雪岩去钱庄有助于加强他们彼此商业上的联系，也为胡雪岩有更好的前途高兴，当下就答应了。

胡雪岩进入到了钱庄工作，此后他事业的成功，证明了进钱庄是非常明智的决定，他通过钱庄这一块

努力才会成功

跳板，成了非常有名的富商，实现了自己人生的价值。

　　胡雪岩抓住机遇，把握住了两次命运的转机，才有了后来的成功。在人生路上的十字路口，不错过命运的转机，把握机遇，变被动为主动，努力奋战，你也能书写出不一样的人生辉煌。

成长心语

　　人生充满了机遇与挑战，只要你敢想敢做，扼住命运的咽喉，拿出所有的毅力去拼搏，抓住机遇，胜利一定会到来。

　　我们总喜欢说"我感到绝望了""我被逼到了绝境""什么办法都没用了"，其实这是一种消极的心理暗示。走入人生低谷的时候，其实也意味着你有无限可能，只要你把握住每一个机会，抓住任何一个能改变逆境的机遇，化被动为主动，你一定能欣赏到不一样的风景。

努力才会成功

比尔·拉福的成功

只有当你拥有相当强烈的追求成功的欲望，并因此而采取积极行动时，你才能最终获得成功。

——戴尔·卡耐基

成功不可能一蹴而就，人生之路蜿蜒曲折，面临着无数的挑战。我们在追求梦想的道路上行走，需要为人生的每一个阶段做好规划。让每一个今天都赢过昨天，用积极乐观的心态迎接明天的挑战。

比尔·拉福是美国知名企业家，有一次他接受记者采访时，记者问到他为什么会这么成功。比尔·拉福说，他的成功应该感激父亲的指导，因为父亲教会他制定重要的人生规划，规划好人生每个阶段要完成的事情，就是这个规划使他取得了如今的成功。

比尔·拉福从小就梦想成为一名成功的商人，他的父亲却发现儿子虽然聪明果断、有创新精神，但是他没有社会经验，也缺少必要的知识。于是在他考上麻省理工学院的时候，面对许多人选择贸易专业的情况，父亲和他进行了一番谈话，建议他选择机械制造专业。

父亲给比尔·拉福说明了自己的理由：学商贸学的是贸易专业知识，而不能了解产品的性能和生产制造情况，这在贸易交易中很难保证收益。但是学习机械制造，能够培养知识技能，还能够锻炼严谨的思维能力，这一点在以后的商业活动中非常重要。于是，比尔·拉福在父亲的指导下，大学四年期间努力学好了自己的本专业，还钻研了电子、化工等课程，打下了良好的专业技能基础。

大学毕业后，比尔·拉福没有像其他人一样马上开始工作，他心想，这个阶段自己需要"充电"，想要经商，还必须学好经济学知识。于是，他考进了芝加哥大学学习经济学课程，用三年的时间掌握了经济学的基本知识，学习了有关法律和微观经济活动的管理知识，具备了过硬的经商手段。但是比尔·拉福硕

努力才会成功

士毕业后，考虑到经商还必须有很强的人际交往能力，要扩大自己的人脉。因此，比尔·拉福先考取了公务员，去政府部门工作了五年，结交了大批有声望的社会人士。

曾经的梦想，比尔·拉福把它分为几个阶段来规划完成，他做好了前期的准备，决定朝着最后两个阶段出发。离开政府部门后，比尔·拉福进入到通用公司工作，进行实践的锻炼，学到了丰富的管理经验。两年后，比尔·拉福开始创办拉福商贸公司，他用二十年的时间让自己的公司成了业内顶尖的商贸公司，自己也成了一名成功的商人，实现了自己的梦想。

从比尔·拉福的故事我们可以看出，比尔·拉福有最终的目标，他注重人生每个阶段的努力，注重个人素质、职业技能的培养，才能把目标变成现实。

梦想，需要日积月累的坚持和努力，也需要你在每个阶段完善自己。为人生每一个阶段做好规划，每天都进步一点，完成每个阶段的目标，最后成功一定会到来。

成长·心语

　　每个人的梦想都是一颗种子，它需要辛勤的浇灌，才能健康长大。怀有理想的人，永远都是有壮志雄心的追梦人。追梦的道路十分遥远，向着目标出发，为每一段路做好规划，规划好人生每个阶段要完成的事情后，我们还要从自身的实际出发，把梦想落实到实处，像比尔·拉福那样去努力，脚踏实地地走好每一步。

努力才会成功

任何时候都别放弃理想

理想并不是一种空虚的东西，也并不玄奇，它既非幻想，更非野心，而是一种追求真美的意识。

—— 莎菲德拉

有人说，青春时期的理想如耀眼的太阳，只有这时候追求理想才是最明智的，因为年轻的时候斗志昂扬，理想就是一切。

也有人说，我们追求理想的脚步，如同一支慢慢燃烧的蜡烛，不论它发出的光芒多大，只要为了理想燃烧到最后，就是一种成功。

其实，理想和年龄无关，人生最精彩的时刻不是成功的那一刻，而是坚持梦想的过程；人生最有价值的不是名声和财产，而是活到老都在追求理想的信念。

不管你遇到什么困难，不管你身处在什么环境中，也不管你是什么年龄，永远都别放弃心中的理想。就算跌倒，只要还有一线希望就不要后退。我们为梦想而努力，一路奋战，一定会变得更好更强。

古代有一个叫梁灏的年轻人，自幼就喜欢读书，梦想有一天能考中状元，但是当时的国家正处于战乱之中，大家都忙着四处逃命，外面一片混乱，梁灏不能集中注意力读书，也错过了考状元的机会。等到漫长的战乱过去，人们安定下来，这时梁灏已经有了儿子，在梁灏的辛勤教育下，他的儿子很争气，考中了状元。

此时，梁灏的年纪已经很大了，但是他心中仍然有一股热血。看到儿子，梁灏想起了自己年轻的时候，想起了自己当时的梦想。于是，年事已高的梁灏继续用功读书，甚至忘记了自己已经是个老翁的事实，在82岁的时候夺得了状元。

像梁灏这样不因年老放弃理想的，还有我们熟知的曹操。曹操一生中建功无数，任何时候都没忘记过自己的志向。当年曹操在"官渡大战"大败袁绍后，又带兵北征，此时的他已经53岁了，但是曹操依旧坚

努力才会成功

持不懈地进行战斗，最后统一了北方。

曹操凯旋回邺城时，并没有感到多么得意，他想到刘备、孙权等人依旧割据一方，天下大势仍然未定，国家还处在分裂的状态，觉得自己身上的责任很重。他还要用余下的生命努力奋斗，并留下了"老骥伏枥，志在千里。烈士暮年，壮心不已"的千古名句，表明虽然生命有限，已经年老，但是他的壮志不老，他依旧可以创造出人生的价值。

理想是不受年龄限制的，任何时候一个人都能为理想拼尽全力。在人生的道路上，我们要把握青春，珍惜时间，用有限的生命发挥出无限的价值。哪怕实现理想的道路非常漫长，哪怕我们最后鬓发斑白，也不要忘记年轻时候的初心，在最后的人生道路上，也要为了自己的理想努力奋斗，这样，人生方不会留下遗憾。

成长·心语

　　在追求理想的人生路上，谁都不可能一帆风顺。当你处在逆境，遭遇了打击跌落人生谷底时，一定要端正自己的态度，用积极的心态去面对逆境。成功的人大都是经历过无数失败站起来的，如果碰见一次失败就放弃，意味着你永远只能失败。其次，不要让任何消极的想法左右你的人生，朝着一个方向努力奔跑，一定会创造出自己的精彩人生！

努力才会成功

借口只会让事情变得更糟糕

宿命论是那些缺乏意志力的弱者的借口。

——罗曼·罗兰

在美国最大的木材公司，流传着这样一个故事。

有一位残疾的退伍军人想找工作，可是因为身体的原因，没有一家公司愿意招他。他来到了正在招聘推销员的木材公司，不出所料被招聘人员拒绝。

他在公司大楼外等了三天，终于等到了公司的副总裁。他走到这位副总裁面前说道："我以一位退伍军人的名义承诺，我一定可以完成您交给我的任何任务，请给我一次机会。"

副总裁被他的态度打动，于是将公司在美国中部的一个分公司交给了他，在那里，公司与客户的关系恶劣，一大笔货款收不回来。公司派了许多人前往，都无法解决这个问题。

得到机会的退伍军人立刻赶往了那里。让人没想到的是，短短几个月后，他就将公司在那里的应收货款收回，还重新修复了与客户的关系。因为这件事，他在木材公司得到了一席职位。

没过多久，总裁将他叫到办公室，递给他一个地址和一张照片，说："这个周末我要去参加我妹妹的婚礼，麻烦你帮我去这个地址买到这个蓝色花瓶，周五下午我在5点开往犹他州的火车3号车厢等你。"

退伍军人坚定地说："我保证完成任务。"

他赶往总裁给的地址所在地，结果到了那，却发现那里根本不是一家卖花瓶的店。他意识到总裁给的地址可能是错误的，于是立刻拨打了总裁的电话，但是一直无法接通。他收起了手机，以自己所在的地方为圆心，拿着花瓶的照片开始了地毯式搜寻。终于他在另外一条街的橱窗中看到了这个蓝色花瓶，可是这家店却关门了。

他想起自己的承诺，于是拨通了留在店铺门上的责任经理的电话，跟他解释自己为什么一定要买到这

努力才会成功

个蓝色花瓶，这是一个军人的承诺与尊严。最终，经理答应赶来将花瓶卖给他。

拿到花瓶的军人这时遇到了更大的困难。因为之前找店铺和联系经理，他花费了许多时间，错过了回去的火车。他翻遍自己的通讯录，终于找到了一位退伍后在这里生活的战友。最终，他通过战友的关系租到了一架私人飞机，在总裁的火车开动之前赶到了，将花瓶交到了对方的手里。

"总裁，这是您要送给您妹妹的花瓶，祝您一路顺风。"他说完这句话，就下了车，没有说自己为了这个花瓶花费了多少的心力，也没有责怪总裁给错了地址。

周末过后，这个退伍军人被叫到总裁的办公室："我妹妹非常喜欢我的礼物，感谢你替我买到。另外，公司将任命你为远东地区的负责人，希望你能为公司创造更大的辉煌。"

原来，公司一直在寻找一位能够担当远东地区负责人的员工，但是始终没有满意的人选。蓝色花瓶是公司想出来的一个测试办法，错误的地址，不开门的店铺，花时间买到花瓶之后必然会错过的火车，一环扣一环。

　　过去没有一个人完成任务，他们总是把原因推在这些无法避免的事情上。事实上真正有执行力的人，只会去完成任务，不会找任何借口。这才是公司需要的人。

成长·心语

　　这位残疾的退伍军人本来可以找许多借口，可是他没有，他只记得自己的承诺。世上没有不会犯错误的人，只有不敢承认错误的人。当我们在遇到事情的时候，首先想到的不应该是如何去推脱责任、寻找借口，而应该认真分析原因，寻找解决的办法，因为借口没有任何作用，只会让事情变得更糟糕而已。

陈金水的 33 年

我们不是为自己而生，我们的国家赋予我们应尽的责任。

——西塞罗

陈金水，一个十分普通的人，却在中国西藏的一个普通岗位上做出了不平凡的成绩。

1956 年，21 岁的陈金水刚刚大学毕业，响应祖国建设西藏的号召，他放弃了城市舒适的生活环境，跟随建设西藏的队伍，前往西藏。

当时的西藏连和平的环境也没有，时不时还有叛匪的袭击，而陈金水所工作的气象站正是叛匪袭击的主要目标。因为没有专门的武装人员保护，陈金水他们既要负责气象站的建设工作，还得负责保卫工作。进藏的前期，他和战友们为西藏的平叛工作做出了重要贡献。

西藏的环境稍微稳定一点后，陈金水便将自己的大部分精力投入了藏区的气象研究工作。因为以前的藏区环境艰苦、经济落后，从来没有专业人员对此做过研究，所以我国关于雪域高原的气候资料几乎是一片空白。

陈金水没有被这些困难吓倒，他带领着同事们完善西藏的气象资料，建立气象站。1965 年，在他的领导下，被称为"天下第一气象站"的安多气象站在海拔 4802 米的青藏高原上成功建立。

对陈金水来说，挑战是双重的。恶劣的天气、艰苦的环境、短缺的资源挑战着人的生理极限。高原常年天气寒冷，气温基本都在零摄氏度以下。最开始，他没有房子，只有帐篷。有一次陈金水测量温度，发现气温竟然低到了零下 27 摄氏度。在这样低的温度中生活是一件极其困难的事，为了抵御寒冷，他修过地窖，可是因为地窖潮湿，他的被子都烂了。后来他自己找石头，砍木头，徒手建了房子。

高原上的寂寞也挑战着他的心理极限。高原人烟稀少，也没有娱乐活动，十分寂寞。之前他还有一起工作的同事做伴，可是随着时间的推移，同事有的因为身体原因，有的因为无法忍受高原上艰苦的环境，先后都离开了这块苦寒之地。只有陈金水，几十年如一日地坚守在这里。

从 1956 年到 1995 年的几十年间，陈金水三次进藏，在西藏为了当地的气象事业奋斗了 39 年。从 22 岁到 61 岁，陈金水将自己人生的黄金年华全部都用在了援藏事业上。西藏的气象事业正是因为他的付出，获得了重大的发展和取得巨大的成就。

1996 年，陈金水离开了西藏，可是他援藏的故事却在藏区流传。他被授予"全国优秀共产党员"荣誉称号，还获得了国家五一劳动奖章。

努力才会成功

成长·心语

　　青少年是祖国的希望、未来的栋梁，建设祖国的重任终将落在我们身上。面对这一重任，我们要学习陈金水前辈不畏艰险、迎难而上和永不放弃的精神，脚踏实地、艰苦奋斗，做出自己的贡献。而要承担起这一重任，我们必须努力学习，掌握好科学文化知识，为将来要从事的工作打好基础。我们必须意识到，为祖国的未来而奋斗是当代青年的责任，也是我们对祖国应尽的义务。只有这样，我们才能在生命中留下无悔的痕迹，在青春中唱出一曲美好的赞歌。

弗里达的梦想之路

责任感与机遇成正比。

——伍德罗·威尔逊

　　弗里达是一名普通大学毕业的程序员，他的梦想是进入全球顶尖的 IT 公司工作。可是能进入这家公司的人，最低要求也是名校毕业的本科生，有时连研究生和博士生进了面试都会被刷下来，他根本连应聘的资格都没有。

　　"我一定会去那儿工作的。"弗里达坚定地说。他在这家公司的官网上，翻遍了他们的招聘启事，发现只有后勤部门正在招清洁工。他思考了整整一天，还是投递了简历。

　　弗里达前往面试的时候，面试官非常惊讶。因为弗里达虽然毕业于普通大学，但是成绩很优秀。他本

努力才会成功

以为弗里达可能有什么身体上的残疾或者别的疾病。但是过来面试的弗里达看起来开朗、健康，没有丝毫问题。

"容我冒昧地问一句，你这样的年纪和条件，为什么要来当一名清洁工呢？"面试官疑惑地问。

弗里达回答道："因为我的梦想是进入贵公司成为一名程序员，即使没有资格，我也想来学习、感受一下这里的氛围。"

主考官提醒道："但是我们现在需要的是清洁工，你怀着这样的目的，我担心你无法胜任这份工作。"

弗里达自信地说："我保证会做好自己的工作。对工作负责，难道不是公司对每一位员工的要求吗？"

主考官觉得弗里达很有趣，决定聘用他，成功应聘上清洁工的弗里达开始了自己的工作。

因为弗里达是男性，年纪又轻，所以他还主动承担了没人想干的最累最脏的洗手间卫生工作。他按照部门要求每天早早地到公司，打扫自己负责的区域的卫生，甚至连马桶都仔细刷一遍。

在后勤部的留言簿上，其他部门的同事都留言说公司的卫生好了很多，洗手间的空气清新剂和纸巾等用品也更换得比以前及时多了。

上司对弗里达的工作十分满意，不过弗里达却遭到了朋友的嘲笑："嗯，毕竟在那家公司做清洁工也是在那儿工作，你还是实现了自己的梦想。"

弗里达没有理会朋友的嘲笑，做好清洁工作之余，他更加用心地学习专业知识，提高自己的专业能力。而在中午吃饭或者午休的时候，他也经常和程序员同事们聊天，了解业内的最新动态，自己有不懂的问题也会虚心向他们请教。甚至在同事们加班的时候，弗里达也会主动留下来服务同事们。

有一天晚上，公司的同事们因为一个紧急的程序错误留下来加班，可是有一位同事却突然急性肠胃炎发作，被送去了医院。人手不够，大家都很着急。

这时，留下来服务同事们的弗里达开口了："这个我会，我可以帮忙试试。"

总监不太相信，但是其他人因为平时跟弗里达关系很好，也了解他的能力，纷纷为他说话，总监终于同意了。有弗里达的帮忙，错误被修复了。

　　总监看着弗里达拥有这样的能力竟然在公司做清洁工，十分好奇。听完弗里达说了自己的故事和梦想之后，他好奇地问："那如果你一直只能做清洁工怎么办？"

　　"如果三年内我还得不到机会，就说明我的能力真的还不足以进入公司，我也只能放弃我的梦想了。不过即使是当清洁工，我也觉得能学习到知识，这个岗位所需要的仔细、负责，让我各方面提升了很多。"弗里达回答道。

　　一个星期后，弗里达收到了来自公司的新聘书，正式聘任他为公司的程序员。原来那位总监在知道弗里达的事之后，还特意去后勤部的主管那里了解了一下他的工作情况。

　　"弗里达是一名非常负责任的员工。"这是主管给他的评价。正是因为这个评价，促使这位总监迅速给弗里达下了这张额外的聘书。

　　弗里达实现了自己的梦想，之后，他的朋友再也不敢嘲笑他了。

成长心语

　　机会总是留给有准备的人，也许你在期待机遇的到来，但是在这个过程中你不要无所事事，更不能随波逐流。做好自己该做的事，负好自己该负的责，这样机会才会青睐你。弗里达进入这家公司当清洁工是想实现自己的梦想，可是他如果只是抱着这个想法，而随便对待清洁工的工作，或者因为自己暂时只是做清洁工的工作，就不去学习别的知识，那么他也无法这么快得到这个机会。做好自己该做的事，提升自己，机会到来，我们的梦想也才会实现。

努力才会成功

竭尽全力创造奇迹

如果一个人有足够的信念，他就能创造奇迹。

——西格丽德·温塞特

从前，在一座大森林的旁边住着一位猎人，他每天都会带着他的猎狗去森林里打猎，靠着这条凶恶的猎狗，猎人每次打猎都能满载而归。

有一天，猎人在去森林打猎的路上发现了一只兔子，他立刻端起猎枪瞄准了兔子。警觉的兔子察觉到了危险撒腿就跑，猎人的枪只打中了兔子的一只后腿，兔子还是飞快地跑着。猎狗"噌"的一声，紧跟着兔子追了上去。

受伤的兔子在前面拼命地奔跑，猎狗在后面穷追不舍。追了好一阵子，兔子渐渐拉开了和猎狗的距离，一下子不见了踪影。猎狗只好回到猎人身边。

猎人看到猎狗一无所获地回来了，生气地骂道："你竟然连一只受了伤的兔子都追不到，我养着你还有什么用？"

　　猎狗听了主人的斥责，心里很不服气，它想：我可是尽力了，都怪这只兔子太狡猾了。

　　而另一边的兔子拖着受伤的后腿已经逃回了洞里，周围的兔子见它受伤了都关心地围了上来，问它发生了什么事。兔子把自己险些丧命的经过说了出来。周围的兔子们听了都很惊讶："那只猎狗可是出了名的凶狠，你受伤了居然还能从它眼下逃脱，你是怎么做到的？实在太不可思议了！"

　　受伤的兔子趴在窝里，一边舔舐着自己的伤口一边说："那只猎狗只是为了猎人的一句夸奖尽力来追赶我，而我却是为了自己的性命竭尽全力地在奔逃啊！它没有追上我顶多是回去挨一顿骂、被饿上一顿，可是我要是被他追上了，我就没命活着了呀！"

　　兔子在面临危险时竭尽全力地奔跑，创造了奇迹，战胜了凶恶的猎狗，拯救了自己的生命。

★ ★
★
努力才会成功

成长·心语

其实我们每个人的身体中都蕴含着无穷的能量，只是这些能量平时都被埋藏在了我们的身体深处，只有当我们对某件事怀有极度的渴求，愿意竭尽全力地去拼搏时，这种能量才有可能会被激发出来，创造出奇迹。

努力才会成功

> 我是一个非常专注的人，一旦认定方向就不会改
> 变，直到把它做好。

——李彦宏

"你们中国有电脑吗？"这句话曾经是李彦宏心
中最钻心的痛。

当年远赴美国布法罗纽约州立大学计算机系学习
的李彦宏因为跨专业、基础知识不牢等原因，在第一
年学习时很不如意。再加上巨大的生活压力，于是他
打算去应聘他们系的助理研究生。

在应聘时面对教授问的问题，李彦宏的回答并不
出彩，甚至可以说有些差劲。尤其让他难堪的是，在
离开教授办公室的时候，教授问他："你们中国有电
脑吗？"这让他一时无话，良久，李彦宏才回答道：

"有。"说罢，便匆匆地离开了办公室。

20世纪90年代，电脑在中国已经普及。但是那个时候李彦宏没有底气与信心跟教授对话，就在那一刻，李彦宏坚定了自己要在互联网行业闯出一片天的决心。

凭借着心中这一股信念，李彦宏白天去上课，晚上拼命地补习英语，还要学习编程，有时甚至熬夜到凌晨两点。

在和教授对话后，李彦宏一直调整着自己的人生规划，努力找到自己的优势和目标。他发现他不擅长计算机图形学，可是在信息检索处理上颇有灵性，于是他开始往这个方向深入研究，并成功吸引了华尔街的注意。

一次偶然的机会，李彦宏进入了华尔街一家公司工作。在工作期间，他清楚地了解到整个华尔街的运营模式，发现这并不是他真正的归宿。于是，他转投硅谷。在硅谷，他加入了当时一家很有名气的搜索引擎公司，并很快找准了自己的位置。然而，由于技术理念不同以及多次建议不被高层采纳，李彦宏有些心灰意冷。

与此同时，中国互联网界风云变幻，李彦宏看到了中国互联网发展的商机。1999年，他认定中国互联网环境已经成熟，于是回国创立了如今闻名世界的百度公司。

最初的时候没有人看好这个小公司，但是李彦宏坚定地认为，百度肯定会成功。为了顺利融资，原本不爱开车的他整天开着车在旧金山的风险投资商中游说，最后拿到了一百二十万美金的投资金。

百度不同于其他互联网公司，它只专注于"中文搜索"。最初很多人不能理解，后来人们发现，这个把"专注"做到极致的公司已经达到了别人无法比肩的高度。因为这样的专注，如今的百度，已经成为全球第二大搜索引擎公司、第一大中文搜索引擎公司。

成长·心语

　　人生就是一个努力的过程，我们要敢于挖掘自己的潜力，找到自己的目标，不论再艰难、再曲折，也要把这条路走下去。

努力读书的名人

生活是一种绵延不绝的渴望，渴望不断上升，变得更伟大而高贵。

——罗歇·马丁·杜伽尔

孙康映雪读书

晋朝有位叫孙康的读书人，他从小好学，但家里贫穷，没有上学读书的机会。于是，他白天做工，晚上抽时间读书。可到了夜晚读书就必须点灯，这样会耗费灯油，孙康家里承担不起这个费用，他只好在白天挤出一点时间看看书，晚上便躺在床上默记和背诵。

一年冬天，天气特别寒冷，连续几天都下大雪。冬夜，孙康正裹着被子，坐在床上背书，突然，他一偏头，发现窗口越来越明亮。他以为是天亮了，可等

努力才会成功

他穿好衣服推门一看，才发现是下了一夜的大雪，白色的雪把他家的窗口映亮了。

孙康灵机一动：白雪既然能映亮窗口，那么他何不借着积雪的光亮读书呢？于是，孙康穿好厚厚的衣服和保暖的鞋袜，捧着白天没有读完的书跑到院子里，借着积雪微弱的亮光读书。手脚冻僵了，他就回屋搓搓手脚、喝杯热茶暖和一下。

整个冬天的寒夜里，孙康都借着雪光在屋子外读书、学习，从无中断。功夫不负有心人，孙康砥砺上进、刻苦用功，终于成为一名有名望的学者。

路温舒编席抄书

西汉有个叫路温舒的人，他从小家里贫穷，靠放羊为生。虽然他爱好读书，有求学上进的志向，但他买不起书，只能经常借别人的书看。西汉时，纸张和书籍都属于贵重的物品，因此路温舒能借到书的机会很少，借书的时间也是有限制的。于是，路温舒产生了一个想法：如果自己能拥有一本书带在身边，可以一边放羊一边读书，那该多好呀！

有一次，路温舒在放羊的时候发现蒲草的叶片很宽，想到了一个主意：他可以把蒲草编成席子，然后在上面写字、抄书。于是，路温舒在放羊的时候割了许多蒲草并将其编成了席子，再把借来的书抄写在席子上。通过这种方法，他学到了许多知识，最终成为西汉有名的法官。

王充书坊苦读

王充是东汉著名的思想家和哲学家，他幼时喜欢读书，却因家境贫寒，无钱买书。于是，王充把街上的书坊当成自己的书房，每天都待在那里废寝忘食地苦读。王充读书很专注，每天早早地来到书坊，拿起一本书翻开就会浑然忘我地读下去。读完一家书坊的书，他就会去另一家书坊读。长年累月下来，他几乎读遍了附近所有书坊的藏书，积累了大量的知识。后来，王充完成了一部名垂青史的唯物主义哲学巨著《论衡》。

努力才会成功

成长心语

　　只有不断努力，人才会力争上游，督促自己积极进取、奋力拼搏。孙康、路温舒等人都出身贫寒家庭，没有好的条件求学，但他们凭借自己的毅力，坚持不懈地学习，最终都获得了了不起的成就。现代社会中，我们拥有更好的环境和条件，更应该珍惜时间和机会，努力向上，才能获得成功。